SCOUVART

un CHAT, une SOURIS.

D'APRÈS LE CONTE DES FRÈRES GRIMM

callicéphale
ÉDITIONS

...IL ÉTAIT UNE FOIS,
UN POT DE GRAISSE
UNE ÉGLISE,
DU BLA... BLA... BLA
MINIVIDE
SARDINES

MIVIDE
TOUTVIDE

Un chat fit la connaissance
d'une souris.

– Souris, sourire,
Entre toi et moi,
une paix
pleine de joie.
– Si, si…

Souris est si émue
que de petites vagues de bonheur
lui bercent le cœur.

Chat et souris se pacsent.
S'il n'y eût autant de ces « si » que souris n'entende avec tant de plaisir,
souris eût pris la fuite.

Un dimanche matin, Chat et Souris font l'achat d'un pot de graisse.

En chemin, Chat...
dit à la souris :

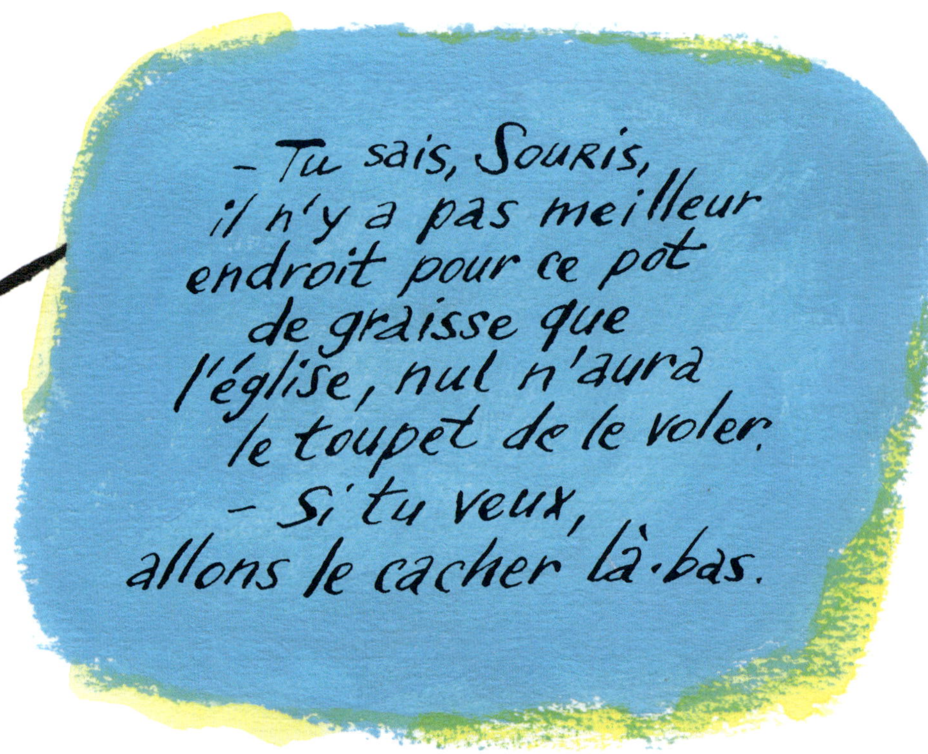

Un jour… du mois suivant,
Chat eut des picotements
sur la langue.

La petite souris consentit et dit :

Enfant, on comprend très bien que le chat ne disait rien de vrai.

Le chat, en sa tête : « Cours, cours ma langue, je te suis ».
Il se rend à l'église, saisit le pot de graisse, y trempe son museau et dit :

Puis notre gros chat se promène sur les toits. Ce tueur d'amour à la nuit noire retourne au logis.

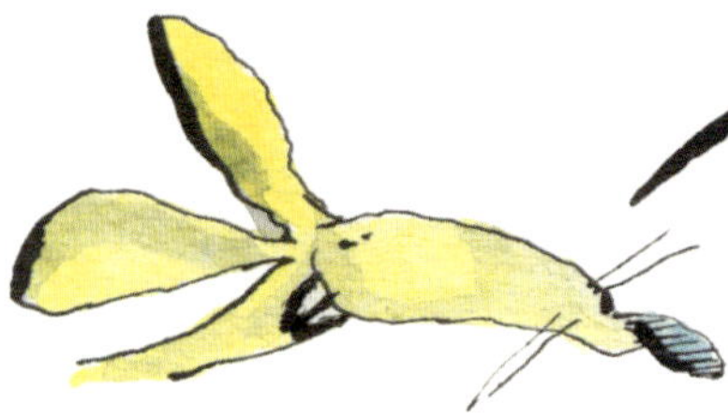

– Tu as dû passer une journée agréable. Quel prénom a-t-on donné au chaton ?

MINIVIDE

Minivide ?

reprit la souris avec étonnement, quel drôle de nom pour un enfant...

– Et alors, il n'est pas plus étrange que "Rongemiette".

Il y avait dans l'œil du chat, la dent du regard.

Un autre jour... un lent-demain...

Petit lecteur, s'il te plaît, c'est mon droit, ma version de l'histoire... de ce conte des frères Grimm... je poursuis...

– Souris, sourit… je suis, pour la seconde fois, sollicité pour être le parrain d'un nouveau-né-tigré-rayé, ce qui est très rare dans notre famille. Veux-tu, s'il te plaît, t'occuper seule du ménage ?

Souris… dit oui.

Le chat se faufile d'une rue à l'autre, jusqu'au lieu où se trouve le pot de graisse…

… y trempe sa langue et chante : – Les affaires sont les affaires. Quel bienfait ne soyons pas ingrats.

et lèche une dernière fois.

À son retour,
Souris demande :

– De quel nom a-t-on baptisé l'enfant ?

– Mivide

Mivide ? –

– De ma vie je n'ai entendu pareil nom…

Un feulement se fit entendre.

– Ô toi, toujours en gris, enfermée à frotter, à blanchir, à visiter coins et recoins.

Il lui échappa même un gros mot : – Pet à disputes !

Souris versa des larmes qui atténuèrent son chagrin.

Il ne se passe pas, comptons jusqu'à... 1-2-3... avec toi, cela fait...

– Souris, soupire, je me dois à nouveau d'être le parrain... et celui-ci, "Chapristi !"... est totalement noir, ce qui chez nous est exceptionnel ! il faut vraiment que tu me laisses sortir.

Souris accepte, curieuse de connaître le nouveau prénom.

En l'absence du chat, la brave petite souris met tout en ordre dans la maison.

1 2 3 4 5 6 7 ...

Je crois, petite lectrice, que tu as tout compris.

À sentir ses papilles, Chat, court, son naturel, se rend à l'église, et pense :
« Pourvu… que mon ventre tienne jusqu'au-là-haut ».

Et rend grâce… au pot de graisse.

21 h 00

Notre gros-gras-gris chat, tranquillement, de son pas de chat… rentre au logis.

Notre chattemite…
répond :

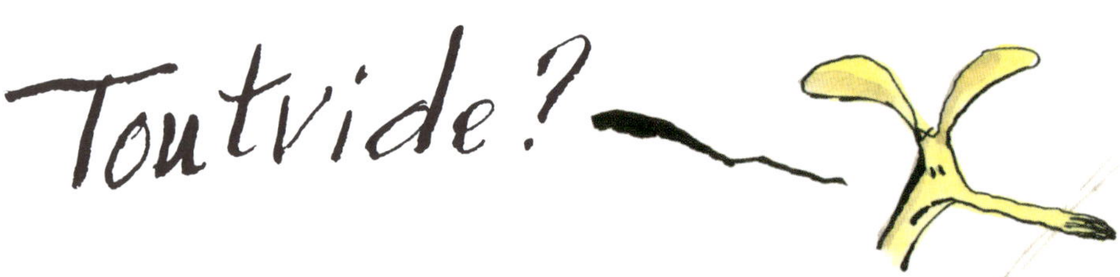

Gamin, il te faut savoir
qu'à partir de ce jour, il n'y eut plus personne pour inviter le chat.

Un matin d'hiver, Souris dit au chat :

– Viens, allons chercher ce pot de graisse, voilà la première neige, hâtons-nous.

– Fort bien, Souris, souci… allons ! Tu vas te régaler. De quoi mettre ta fine langue à la fenêtre.
Tel-nez, nez-coiffé.

Ils sortent, arrivent et…

– Mais ! Mi… mi… il est vide, je comprends maintenant. Toi et ton grand cœur, ton sens du partage. Le soi-disant parrain !
Minivide, Mivide, M…

Le chat allume ses yeux et dit :

– Vas-tu te taire, Souris ! Un seul mot et je t'… M' !

Trop tard ! Souris... a déjà... prononcé... le mot.

Le chat bondit sur la souris et

CRICK
CRACK
CROCK
...
les os.

Petites, petits,
ainsi va le monde.
La faim ne s'achète pas,
aussi donnons-lui
à manger.

callicéphale
ÉDITIONS

Callicéphale éditions | 28 rue des Juifs | 67000 Strasbourg
Tél. 03 88 35 69 18 | editions@callicephale.fr
Graphisme et photogravure : Michel Maître | www.planete-m.com
Loi n° 49-956 du 16-07-1949 sur les publications destinées à la jeunesse

ISBN 9 782914 096867 | Diffusion : Le Seuil | Distribution : Volumen